ДОСПЕХИ ОТ БОГА

В трудные времена я могу оставаться сильным, потому что Божья сила и могущество всегда будут со мной.

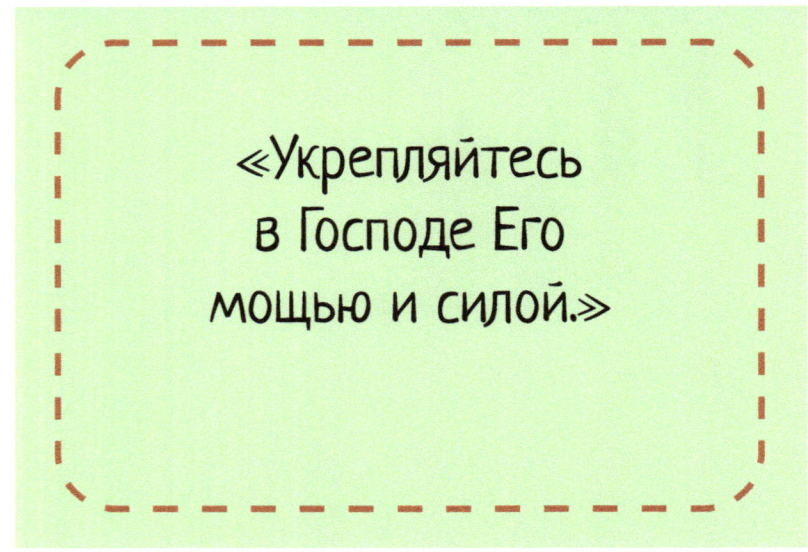

«Укрепляйтесь в Господе Его мощью и силой.»

Сила и могущество Бога и есть те доспехи, которые защищают меня от искушений дьявола.

«Наденьте на себя все вооружение, которое вам дал Бог, чтобы вы могли устоять перед происками дьявола.»

Я должен сражаться не с людьми, которые мне причиняют зло. Я должен бороться со злом и со всем, что приносит вред.

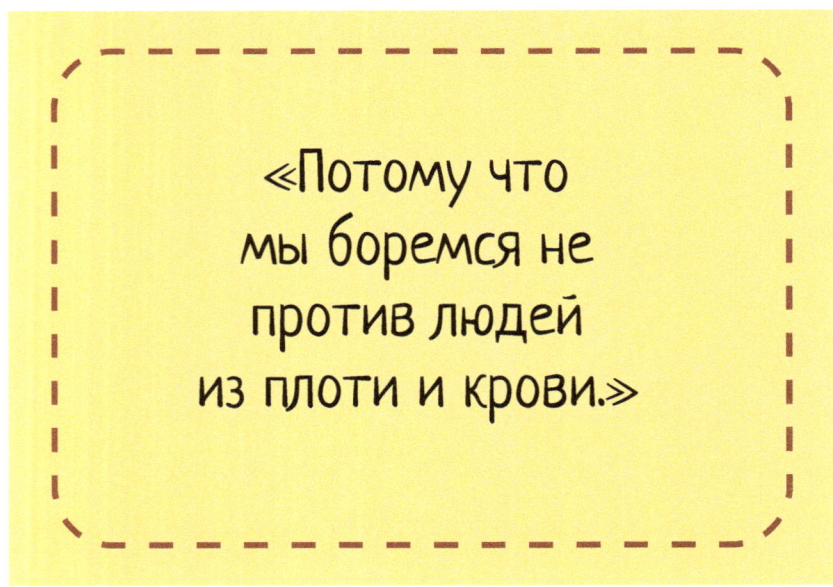

«Потому что мы боремся не против людей из плоти и крови.»

Дьявол наш враг,
но мы не можем его
увидеть или ударить.

«А против начальств,
против властей, против
владык этого мира тьмы
и против духов зла на
небесах.»

Я должен быть готов. Я воин Бога, и я могу научиться надевать духовные доспехи для защиты от зла.

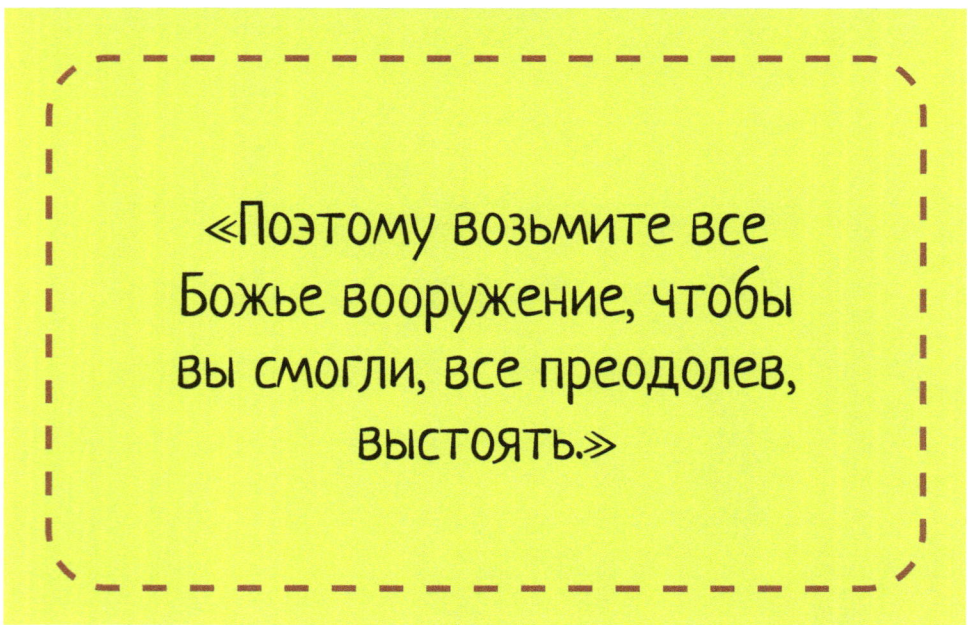

«Поэтому возьмите все Божье вооружение, чтобы вы смогли, все преодолев, выстоять.»

Пояс, который носил римский воин, был важен - он удерживал весь его костюм. Воин держал в поясе и оружие для сражения.

Бог сильный и могущий и Он всегда со мной. Подобно прочному, туго повязанному поясу, Истина Слова Бога будет поддерживать и защищать меня.

«Встаньте твердо, подвязавшись поясом истины.»

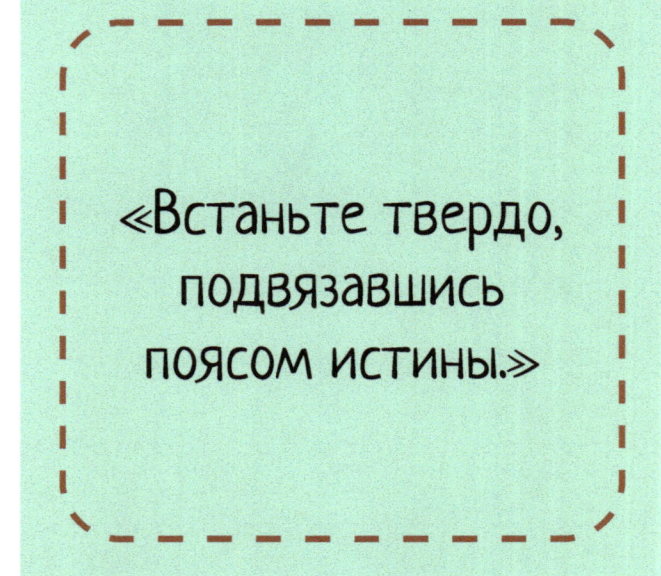

Римский воин носил на груди металлическое покрытие для защиты жизненно важных органов. Если бы один орган был повреждён, его жизнь была бы в опасности.

Бог учит меня поступать правильно и быть добрым с людьми, даже если дьявол тянет меня в противоположную сторону. Я храню своё сердце от зла. А Бог постоянно дает мне больше сил проявлять любовь к окружающим.

«...надев броню праведности.»

Прочная обувь всегда была важна для воина, он должен быть всегда готов к дальним путешествиям.

Я готов идти и рассказывать другим о радостной вести: о Божьем мире и любви.

«И обув ноги в готовность возвещать Радостную Весть о мире.»

Во время битвы римские воины выстраивались в ряд, держа перед собой огромные щиты, чтобы не дать врагу прорваться.

Я надеваю щит веры, чтобы уберечь себя от дьявола. Вера - это доверять Богу и верить в Него, даже когда я Его не вижу. Бог ожидает от меня, что я буду верен ему, и я доверяю Ему во всем. Когда я доверяю Богу, Он дает мне больше сил.

«А кроме всего возьмите щит веры, которым вы сможете погасить горящие стрелы дьявола.»

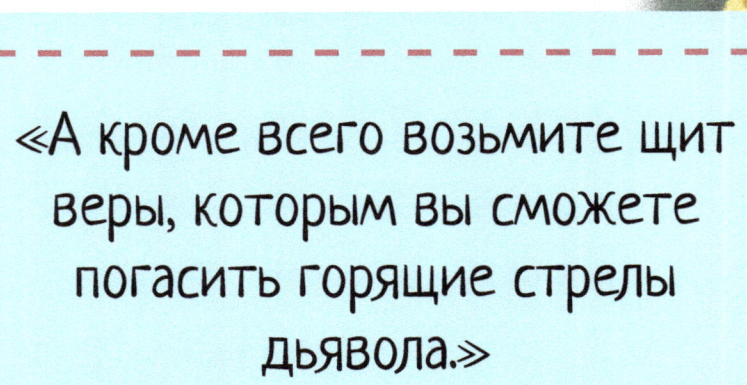

Римские воины носили железные шлемы для защиты головы и лица от ранений.

Жертва Иисуса защищает мою душу так же, как и шлем защищает мою голову от ранений. Бог спас меня от моих ошибок, когда Иисус умер, чтобы спасти меня.

«Наденьте шлем спасения.»

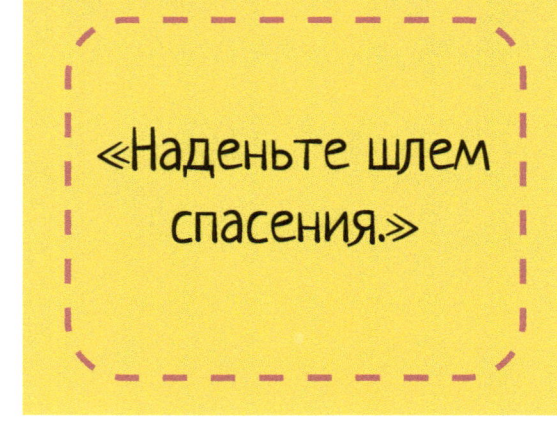

Римский меч был очень прочным и острым, а также лёгким, чтобы им можно было легко пользоваться.

Я могу использовать Слово Бога как могучее оружие против дьявола. Когда у меня бывает искушение поступить плохо, Библия напоминает мне о том, как поступить правильно и не допустить зло.

«И возьмите меч от Духа — Слово Божье.»

Воин стремится к победе, поэтому он слушает и исполняет все, что ему говорит командир.

Вот я надел доспехи духовные. Теперь каждый день я буду упражняться в их применении. Я часто молюсь и прошу Иисуса направлять меня.

«Молитесь всякими молитвами и прошениями во всякое время.»

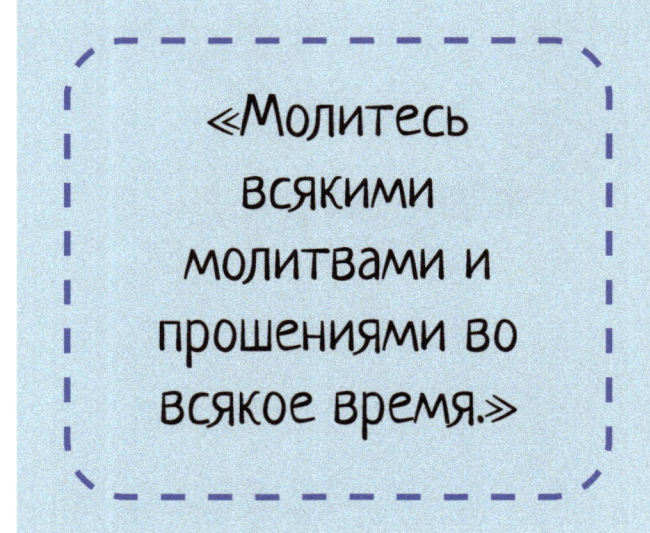

Воин всегда начеку, его враг может напасть в любой момент.

Я должен быть готов в любой момент столкнуться с дьяволом. Я молюсь, чтобы другие также были к этому готовы.

«Для этого бодрствуйте и будьте постоянны в молитве за всех святых.»

время

Дорогой Бог,

Пожалуйста, помоги мне надевать Твои духовные доспехи каждый день.

Помоги мне выбирать добро, когда у меня искушение

поступить плохо.

ДЛЯ МОЛИТВЫ

Научи меня все делать с любовью.

Дай мне смелость говорить о Тебе другим. Напоминай мне читать Твое Слово и следовать ему.

Боже, пожалуйста, дай мне силы.

Аминь.

время для прославления

Благодарю Тебя, дорогой Боже, что Ты дал мне эти доспехи для защиты от дьявола. Спасибо, что даёшь мне силы, даже когда я чувствую себя слабым. Я прославляю Тебя за то, что Ты всегда рядом и помогаешь мне.

Больше книг в этой серии:

Опубликовано iCharacter Ltd. (Ireland)
www.icharacter.org
Составлено Агнес де Безенак
Перевод: Наталия Феррейра
Авторское право 2020.

www.icharacter.org

Авторское право © 2020 iCharacter Ltd. Все права защищены. Никакая часть этой книги не может быть воспроизведена в любой форме или любым электронным или механическим способом, включая системы хранения и поиска информации, без письменного разрешения издателя или автора, за исключением случаев, когда рецензент может процитировать краткие отрывки, использованные в критических статьях или в рецензии.